AVERTISSEMENT.

LE Sujet de ce Ballet est l'AMOUR TRIOM-PHANT dans les trois differens états du beau Sexe, FILLE, FEMME, ET VEUVE: Cela forme trois Fêtes differentes que THALIE donne sur le théâtre de l'Opera, par l'ordre d'APOLLON.

Il y a près de trois ans que j'avois été tenté de faire cet Opera, sous le titre de FRAGMENS COMIQUES: J'en avois même fait le Prologue & l'Acte de la VEUVE. Enfin, à la sollicitation de mes amis, j'ai achevé ce Ballet. Et d'une Piece que je voulois intituler, l'AMANT DE SA FEMME, et que j'avois commencé dans un autre genre; j'ai fait mon Acte DE LA FEMME que j'ai ajusté au théâtre de l'Opera. A l'égard de l'Acte DE LA FILLE, je l'ai nouvellement imaginé.

J'ai fait mes efforts dans ce petit ouvrage pour plaire au Public; mais je serois de plus en plus animé à contribuer à ses amusemens, s'il pouvoit m'être aussi indulgent sur ce théâtre, qu'il a eu la bonté de m'être favorable au théâtre de la Comedie.

Pendant le cours de cette réimpression, on s'est apperçu de ce qui suit:
Page 17, Scene III. à LEONORE, *suprimez* une Guittare à la main.
   Au second vers, il faut lire: *Sans crainte, sans soins*, &c.
Page 18, Au neuviéme vers, *même correction que dessus*.
Page 46, Seiziéme ligne, il y a dansant, *lisez* dansent.
Page 47, Cinquiéme vers, il y a Et, *lisez* Mais.
Page 48, Deuxième vers, *suprimez* prude, qui est le troisiéme mot.
Page 50, Dix-huitiéme ligne, il y a Vous vous, *lisez* Vous me.

ACTEURS CHANTANS DU PROLOGUE.

MELPOMENE, Mlle Chevalier.
THALIE, Mlle Fel.
APOLLON, M^r Le Page.

ACTEURS DANSANS.

SUITE DE THALIE;

Mademoiselle Le Breton;

Messieurs Hamoche, Levoir, F-Dumoulin, Caillez, De Vice;

Mesdemoiselles Courcelle, St Germain, Erny, Thiery, Puvigné.

APROBATION.

J'AI lû, par ordre de Monseigneur le Chancelier, une nouvelle Edition du Ballet, intitulé *Les Fêtes de Thalie*, et je n'y ai rien trouvé qui doive en empêcher l'impression. A Versailles, ce 19 Juin 1745.
DE MONCRIF.

Le Privilege du Roy est à la fin des Opera précédens.

LES FESTES DE THALIE,

BALLET REPRÉSENTÉ
PAR L'ACADEMIE ROYALE
DE MUSIQUE;

La premiere fois, le quatorze août, 1714.
La seconde, le vingt-cinq juin, 1722.
La troisiéme, le deux juin, 1735.

Remis au théâtre, le mardi 29 juin 1745.

DE L'IMPRIMERIE
De JEAN-BAPTISTE-CHRISTOPHE BALLARD,
doyen des imprimeurs du Roi, seul pour la musique,
et pour l'Académie royale de musique.
A PARIS, au Mont-Parnasse, rue S. Jean-de-Beauvais.

M. DCC XLV.
Avec privilége de Sa Majesté.
LE PRIX EST DE XXX SOLS.

LES FESTES DE THALIE,
BALLET.

PROLOGUE.
La Scene est sur le théâtre de l'Opera.

SCENE PREMIERE.
MELPOMENE, et sa Suite.

MELPOMENE.

THeâtre de ma gloire, où regne l'harmonie,
Ne recevez des loix que de mon seul génie.
Mes sujets sont les rois, les heros, et les dieux;
Rien ne peut égaler mes spectacles pompeux.

LES FESTES DE THALIE,

Théâtre de ma gloire, où regne l'harmonie,
Ne recevez des loix que de mon seul génie.

J'attendris par les sons, mes pleurs & mes soupirs;
Mes tragiques douleurs forment les vrais plaisirs.

Théâtre de ma gloire, où regne l'harmonie,
Ne recevez des loix que de mon seul génie.

CHOEUR.

Regnez divine Melpomene,
Regnez, des vrais plaisirs aimable souveraine.

PROLOGUE.

SCENE II.
MELPOMENE, THALIE.

On entend une Symphonie vive & gaye, qui annonce l'arrivée de la Muse comique.

MELPOMENE.

Dieux! Quels frivoles sons? Que vois-je? C'est Thalie!
Vient-elle de ses jeux étaler la folie?
Osez-vous donc vous faire voir
En des lieux pleins de mon pouvoir?

THALIE.

Je viens avec les ris, pour égayer la Scene.

MELPOMENE.

Armide, Phaeton, Atis,
Roland, Bellerophon, Thetis,
De ce brillant séjour me rendent souveraine;
Muse indigne, retirez-vous.

THALIE.

Je le vois bien ma Sœur, un mouvement jaloux

LES FESTES DE THALIE,

Contre moi vous anime.

MELPOMENE.

Croyez-vous de mes vers effacer le sublime ?

THALIE.

Sans vous rien disputer, je voudrois entre-nous,
Par un autre chemin, mériter quelque estime.

MELPOMENE.

Vous mériterez mon courroux.

THALIE.

Ma Sœur, un seul mot peut suffire
Pour faire voir qu'on me doit préférer ;
On est bien-tôt las de pleurer,
Se lasse-t'on jamais de rire ?
Vous faites à l'Amour une cruelle offense
De ne l'offrir que furieux ;
Sous des traits plus rians je l'offre à tous les yeux.
Qui de nous sert mieux sa puissance ?

MELPOMENE.

Apollon en ces lieux s'avance,
Il saura de nous deux faire la différence.

SC. III.

PROLOGUE.

SCENE III.
APOLLON, MELPOMENE, THALIE.

APOLLON.

Est-ce ainsi qu'à mes soins, Muses, vous répondez !
Que deviennent les jeux que j'avois demandez ?

MELPOMENE.

On en voudroit éloigner Melpomene.

THALIE.

C'est votre ordre, Apollon, qui dans ces lieux m'amene.

ENSEMBLE.

C'est moi qui dans ces lieux prétens donner des loix.

APOLLON, à MELPOMENE.

Ne pouvez-vous comme autrefois,
Dans un même sujet, vous unir à Thalie ?
Ce mélange aujourd'hui charme encor l'Italie.

MELPOMENE.

Je pourrois avilir mes heros & mes rois ?

APOLLON.

Hé bien : entre vous deux il faut faire un partage,
L'une & l'autre en son temps en plaira davantage.

  Que la paix regne en ces beaux lieux ;
  Réunissons Melpomene & Thalie.

L'une dans les hyvers pourra chanter les Dieux ;
L'autre dans les beaux jours, par sa douce folie,
  Charmera les cœurs & les yeux.

  Que la paix regne en ces beaux lieux ;
  Réunissons Melpomene & Thalie.

MELPOMENE.

Quoi ! Sous d'égales loix l'une & l'autre on nous range !
Je reçois d'Apollon des mépris si cruels ?
 Quoi ! Tout Dieu qu'il est, son goût change ?
Ah ! C'est une foiblesse à laisser aux mortels.

   Elle sort avec les heros de sa suite.

SCENE IV.
THALIE.

Venez, volez de toutes parts,
Je vais offrir à vos regards
Des jeux, sans pleurs & sans tristesse.

Mon art est le plus doux des arts,
Il est l'amour de la Jeunesse,
Et je fais leçon de tendresse.

Venez, volez de toutes parts,
Je vais offrir à vos regards
Des jeux, sans pleurs & sans tristesse.

SCENE V.
THALIE; JEUX ET PLAISIRS
qui accourent de toutes parts.

CHOEUR des JEUX ET DES PLAISIRS.

Triomphez Muse charmante,
Triomphez de l'ennui, des pleurs & des soupirs,
Couronnez la troupe riante
Des Jeux & des Plaisirs.

LES F. DE THALIE, PROLOGUE.

LES JEUX ET LES PLAISIRS célebrent la gloire de THALIE, par leurs danses.

THALIE.

Pour mieux faire éclater mon triomphe en ce jour,
Signalons dans nos jeux le pouvoir de l'Amour.

Beautez, en tout tems, à tout âge,
L'Amour est sûr de votre hommage.

Il regne dans tout l'Univers :
Si l'Hymen vous engage,   *   *Femme.
Si vous sortez de ses fers,   *   *Veuve.
Si vous fuyez son esclavage, *   *Fille.

Beautez, en tout tems, à tout âge,
L'Amour est sûr de votre hommage.

CHOEUR.

Triomphez Muse charmante,
Triomphez de l'ennui, des pleurs & des soupirs,
Couronnez la troupe riante
Des Jeux & des Plaisirs.

FIN DU PROLOGUE.

ACTEURS ET ACTRICES,
chantans dans tous les chœurs du Prologue,
et du Ballet.

CÔTÉ DU ROI.

Mesdemoiselles	Messieurs
Dun,	Marcelet,
Tulou,	St. Martin,
	Lefevre,
Delorge,	Le Page,
	Chabourd,
Varquin,	Fel,
Dalmand-C.,	Houbault,
	Bourque,
Larcher,	Borner,
Delastre,	Gallard,
	Duchênet,
Riviere.	Rochette.

CÔTÉ DE LA REINE.

Mesdemoiselles	Messieurs
Cartou,	De Serre,
	Gratin,
Monville,	Le Mesle,
	Breton,
Desgranges,	Deshais,
	Levasseur,
De Lagranville,	Buzeau,
	Belot,
Maçon,	Rhone,
	Forestier,
Rolet,	Orban,
Gondré.	Terrasse.

On vend un Louis d'or la musique de ce Ballet, avec les Entrées qui y ont été aioutées, en differens temps; Musique de Mr MOURET; Paroles de M^r DE LAFONDS.

PREMIERE ENTRÉE.

ACTEURS CHANTANS.

ACASTE, *Capitaine de Vaisseau, Amant de Leonore*,	M^r De Chassé.
CLEON, *Pere de Leonore*,	Mr Person.
BELISE, *Mere de Leonore*,	Mr Cuvillier.
LEONORE,	Mlle Bourbonnois.
UNE MARSEILLOISE,	Mlle Jaquet.
UN CAPTIF,	Mr Albert.

ACTEURS DANSANS.

CAPTIFS;

Messieurs Pitro ;

Messieurs Monservin, Gherardi ;

Messieurs Dumay, Dupré, Levoir, Feuillade, De Vice.

MATELOTS;

Mademoiselle Dalmand ;

Mrs Malter-C., Dangeville, Caillez, P-Dumoulin ;

Mesdemoiselles Beaufort, Rosalie, Puvigné, Thiery.

PREMIERE ENTRÉE.

LA FILLE.

Le Theâtre représente le Port de Marseille.

SCENE PREMIERE.

ACASTE, CLEON.

CLEON.

uelle est donc la Beauté dont vous portez
la chaîne?

ACASTE.

Vous verrez dans peu ses attraits.
L'Amour pour me blesser, a puisé tous ses traits
Dans les beaux yeux d'une Inhumaine.

LES FESTES

Mais, songez à la Fête, et me laissez ici
Attendre l'Objet qui m'engage.

CLEON.

Vous me rendez heureux, vous allez l'être aussi,
Vos bontez dans Alger m'ont tiré d'esclavage,
Après dix ans de maux, je revois ce rivage.

Chere Epouse, en ce jour, quel sera ton transport,
De revoir ton Epoux, quand tu le croyois mort !

SCENE II.

ACASTE.

Ne puis-je me flatter d'une douce esperance ?
L'Objet que j'aime, hélas ! S'oppose à mon honheur.

Cruelle indifference,
Contre mes feux tu défens trop son cœur ;
Le nœud de l'hymen lui fait peur.

Ne puis-je me flatter d'une douce esperance ?
L'Objet que j'aime, hélas ! S'oppose à mon bonheur.

Mes

Mes soins, mes soupirs, ma constance,
Ne peuvent flechir sa rigueur,
L'Amour même auroit peine à s'en rendre vainqueur.

Ne puis-je me flatter d'une douce esperance?
L'Objet que j'aime, hélas! S'oppose à mon bonheur.

Attendons un moment pour m'offrir à ses yeux,
Sa mere doit parler en faveur de mes feux.

SCENE III.
BELISE, LEONORE.

LEONORE, une Guittare à la main.

Rire, danser, chanter est mon partage,
  Sans soins, sans amour, sans désirs;
Point d'hymen, point d'esclavage,
    Je ne m'engage
    Qu'aux seuls plaisirs.

BELISE.

Acaste est de retour, après un long voyage,
Donnez-lui votre main, couronnez ses soupirs.

LEONORE.

Des plus tendres soupirs l'hymen bannit l'usage;
Rire, danser, chanter est mon partage.

LES FESTES
BELISE.

Depuis que mon époux a quitté ce rivage
 Dans les pleurs j'ai passé dix ans.
Sans doute il ne vit plus, votre seul avantage
 M'a fait refuser mille amans.
Voulez-vous perdre ainsi le printemps de votre âge ?

LEONORE.

L'hymen cause des soins, ces soins trop importans,
 Nous font vieillir dès le printemps.
Rire, danser, chanter est mon partage,
 Sans soins, sans amour, sans désirs ;
 Point d'hymen, point d'esclavage,
  Je ne m'engage
  Qu'aux seuls plaisirs.

DE THALIE, BALLET.

SCENE IV.
ACASTE, BELISE, LEONORE.

ACASTE.

Vos mépris, Leonore, ont-ils fini leur cours ?
Daignez-vous consentir à mon bonheur suprême,
Et verrai-je bien-tôt commencer mes beaux jours ?

LEONORE.

De l'Amant voilà les discours ;
Ceux de l'Epoux sont-ils de même ?

ACASTE.

L'hymen ne servira jamais qu'à m'enflammer.

LEONORE.

Non, l'on ne s'aime plus, dès que l'on doit s'aimer.

BELISE, à ACASTE.

Ne lui faites point de violence,
Portez ailleurs des vœux qu'elle n'écoute pas.

ACASTE.

Que ne puis-je arracher mon cœur à sa puissance ?

LEONORE, à ACASTE.

Vous trouverez ailleurs de plus charmans appas.

LES FESTES

ACASTE.

O Ciel ! A tant d'amour faire tant d'injustice !

BELISE.

Sa legere humeur, ses caprices,
Sur les douceurs d'hymen répandroient le poison :
Si vous voulez gouter d'éternelles délices,
Prenez femme qui soit dans l'âge de raison.

ACASTE, à BELISE.

Je goute vos conseils, ils finiront ma peine.

LEONORE, à part.

Quelle honte pour moi, s'il sortait de ma chaine !

ACASTE.

Que dites-vous ?

LEONORE.

Suivez des conseils généreux.

ACASTE, à part.

Le seul dépit jaloux peut la rendre à mes feux.

DE THALIE, BALLET

à LEONORE.
Vous me conseillez donc une chaîne nouvelle ?

LEONORE.
Cherchez quelque objet moins rebelle.

BELISE, à ACASTE.
Je sais la beauté qu'il vous faut.
Elle veut vous charmer, ses yeux brillent encore
Du même feu dont brille Leonore ;
Elle n'en a pas un défaut.

ACASTE.
Montrez-moi sans tarder l'Objet que j'aime.

BELISE, se montrant.
Vous la voyez, c'est une autre elle-même.

ACASTE, déconcerté.
Cachons le trouble affreux dont je suis agité,
Faisons voir pour sa mere un amour affecté.

à LEONORE.
Votre rigueur inhumaine
A trop long-tems éclaté :
Ne poussez pas votre haine
Contre un amant rebuté,
Jusqu'à traverser la chaîne
Qui fait sa felicité.

LES FESTES

ACASTE, ET BELISE, à LEONORE.

Ne poussez pas votre haine
Contre un amant rebuté,
Jusqu'à traverser la chaîne
Qui fait sa félicité.

LEONORE, s'en allant.

Sortons, ce que j'entens me cause trop de peine.

DE THALIE, BALLET.

SCENE V.
BELISE, ACASTE.

ACASTE, *courant après* LEONORE.

Elle fuit....

BELISE.

Laissons-la, ne songez plus qu'à moi,
Je ne m'occupe plus qu'à vous être fidelle,
Hâtons l'heureux instant de vous donner ma foi,
Vous seriez esclave avec elle,
De vous, je recevrai la loi.
Tu seras mon Epoux, mon Souverain, mon Roi.

Consens à de nouveaux soupirs,
N'aime plus qui te hait, et ne hais point qui t'aime,
Mon amour sur tes pas conduira les plaisirs,
C'est assez qu'avec eux, tu me souffres moi-même.

CLEON *paroît.*

SCENE VI.

CLEON, LEONORE, BELISE, ACASTE;
Troupe de Captifs Algeriens enchaînez;
Troupe de Matelots Marseillois.

CLEON, appercevant sa femme.

AH, la perfide! Au moins pour former d'autres nœuds,
Attens ma mort, tu n'attendras plus guere.

BELISE reconnoissant CLEON.
Mon Epoux.....

ACASTE, à LEONORE.

Quoi! C'est votre Pere
Que j'ai tiré des fers?... Ah! Je suis trop heureux.

LEONORE contente.

Vous n'épouserez point ma mere.

ACASTE.

Qui m'y forçoit, hélas! C'étoit votre rigueur?
Puis-je être heureux sans vous? Non, il n'est pas possible.
Eh! Dans cette feinte penible,
Ne lisiez-vous pas dans mon cœur?

CLEON.

DE THALIE, BALLET.

CLEON, à ACASTE.

Que ma Fille envers vous m'acquite,
Et recevez le prix que votre cœur mérite.

ACASTE, aux Captifs Algeriens.

Vous à qui ma valeur fit subir l'esclavage,
Je brise vos liens, allez, soyez heureux,
Vous devés ce bonheur à l'objet qui m'engage,
    Rendez-en grace à ses beaux yeux,
Et formez en ce jour, les plus aimables jeux
Avec les Habitans de ce charmant rivage.

On ôte les chaînes aux Captifs.

Chantez l'Amour, chantez sa gloire,
Il triomphe d'un cœur qui méprisoit ses traits :
    Chantez, publiez à jamais
        Sa nouvelle victoire.

CHOEUR.

Chantons l'Amour, chantons sa gloire,
Il triomphe d'un cœur qui méprisoit ses traits :
    Chantons publions à jamais
        Sa nouvelle victoire.

Les Captifs Algeriens dansent.

LES FESTES

UN ALGERIEN.

Triomphe Amour, de la Beauté
Qui nous rend aujourd'hui la liberté.

Qu'elle a d'appas !
Qui ne l'aimeroit pas ?
Ses beaux yeux sont vainqueurs
De tous les cœurs ;
Mais à son tour,
Elle cède à l'Amour.

Triomphe Amour, de la Beauté
Qui nous rend aujourd'hui la liberté.

à ACASTE.

Vous allez être son époux ;
qu'un sort si doux
Vous fera de jaloux !
Soyez constant,
Vivez content,
Que vos desirs
Naissent des plaisirs.

Triomphe Amour, de la Beauté
Qui nous rend aujourd'hui la liberté.

Les Marseillois & les Marseilloises dansent.

DE THALIE, BALLET.
UNE MARSEILLOISE.

Tout Amant
Comme le vent,
Est sujet à changer,
N'en courons pas le danger.
Tel qui nous rend hommage,
N'est qu'un volage,
Défions-nous
D'un vent si doux.

Sur les flots
Point de repos ;
Dans l'empire amoureux
L'on n'est guere plus heureux ;
Qui laisse le rivage,
Court au naufrage,
C'est trop risquer
Que s'embarquer.

CHOEUR.

Chantons l'Amour, chantons sa gloire,
Il triomphe d'un cœur qui méprisoit ses traits :
Chantons, publions à jamais
Sa nouvelle victoire.

FIN DU PREMIER ACTE.

SECONDE ENTRÉE.

ACTEURS CHANTANS.

ISABELLE, *Veuve coquette*, Mlle Romainville.
DORIS, *Sa confidente*, Mlle Fel.
LEANDRE, *Officier*, Mr Jelyotte.
CHRISOGON, *Riche Financier*, M^r Le Page.
UNE BERGERE, Mlle Jaquet.

ACTEURS DANSANS.

FESTE DE VILLAGE;
LE MARIÉ, ET LA MARIÉE;
Monsieur D-Dumoulin, Mademoiselle Camargo.
LES PERE ET MERE DU MARIÉ;
Monsieur Dupré, Mademoiselle Rabon.
LES PERE ET MERE DE LA MARIÉE;
Monsieur Dumay, Mademoiselle Erny.
Monsieur Duval, *Frere du Marié.*
Mademoiselle Puvignée, *Sœur de la Mariée.*
BERGERS, ET BERGERES;
Messieurs Matignon, Hamoche.
Mesdemoiselles Courcelle, St Germain.
PASTRES, ET PASTOURELLES;
Monsieur Gherardi;
Messieurs Feuillade, De Vice.
Mesdemoiselles Thiery, Beaufort.

SECONDE ENTRÉE.

LA VEUVE
COQUETTE.

Le théâtre représente un hameau.

SCENE PREMIERE.

ISABELLE parée d'un deüil des plus galans.

Ouce liberté du veuvage,
Non, je ne vous perdrai jamais;
Je connois trop votre avantage
Pour renoncer à vos attraits.

Mille amans viennent rendre hommage
A l'éclat de nos yeux, au pouvoir de nos traits;
Mon cœur avec plaisir écoute leur langage,
Et n'en goûte pas moins une profonde paix.

LES FESTES

Douce liberté du veuvage,
Non, je ne vous perdrai jamais;
Je connois trop votre avantage
Pour renoncer à vos attraits.

SCENE II.

ISABELLE, DORIS.

DORIS.

Vous jouissez d'un sort tranquille;
Dès que la Parque eut mis votre époux au tombeau,
Près de ce paisible hameau
Vous prîtes pour pleurer, le plus riant azile;
Et bientôt les Amours, les Jeux & les Plaisirs
Chasserent loin de vous les pleurs & les soupirs.

ISABELLE.

L'Amour auprès de moi rassemble
Une foule d'adorateurs,
Et je trouve mille douceurs
A les amuser tous ensemble.

DORIS.

Tous vos amans se plaignent de leur sort;
L'un, près de vous répand des larmes;
L'autre, à vos yeux veut se donner la mort.

ISABELLE.

Quel doux triomphe pour nos charmes!

DE THALIE, BALLET.

DORIS.
Chrisogon soupire pour vous,
Favori de Plutus, sa richesse est immense.
Vous voyez tous les jours Leandre à vos genoux,
Favori du dieu Mars, il en a l'apparence :
Qui de ces deux amans aura la préférence ?
Mais, ils s'avancent dans ces lieux,
L'amour & la colere éclatent dans leurs yeux.

ISABELLE.
Sous ce feüillage épais, Doris, je me retire :
De deux amans jaloux, j'y verrai l'embaras,
J'entendrai leurs discours....

DORIS.
Vous n'en ferez que rire.

ISABELLE.
Et pourquoi n'en rirois-je pas ?

SCENE III.
LEANDRE, CHRISOGON, DORIS.

LEANDRE.
Isabelle m'adore & ne vit que pour moi.

LE FINANCIER
Isabelle à moi seul doit engager sa foi.

LEANDRE
Sa bouche mille fois m'a juré qu'elle m'aime.
LE FINANCIER.
Sa bouche mille fois me l'a juré de même :

DORIS, aux deux amans.
Les Belles trompent souvent,
Leur promesses sont frivoles,
Et c'est compter sur le vent
Que de compter sur leurs paroles.

LE FINANCIER.
Pour plaire, j'ai mille vertus,
Jamais mon cœur n'a trouvé de cruelles;
On est sûr d'être aimé des belles,
Quand on est aimé de Plutus.

LEANDRE.
De la beauté la plus aimable
Je sais attirer les regards ;
A tous les favoris de Mars
L'Amour fut toujours favorable.

DORIS.
Cessez, cessez de disputer,
Tous deux vous avez l'art de charmer une belle.
A l'Officier.
Vôtre tendresse a dequoi nous flatter ;

En montrant le Financier.
Mais la sienne est solide, on peut compter sur elle.

LE

DE THALIE, BALLET.

LE FINANCIER.
Mais enfin, qui de nous doit être le vainqueur?

LEANDRE, au Financier.
Doris vous apprendra que je regne en son cœur.

DORIS.
Faites expliquer Isabelle,
Elle vient... Je la vois; vous l'apprendrez mieux
d'elle.

SCENE IV.
ISABELLE, DORIS, LEANDRE, LE FINANCIER.

ISABELLE, feignant de ne les avoir pas entendus.
L'Un & l'autre en ces lieux, quel sujet vous appelle?

LEANDRE, à ISABELLE.
Je me flattois que l'hymen le plus doux
M'uniroit avec vous.

LE FINANCIER.
J'ai seul droit de prétendre à ce comble de gloire,
Et j'aurois tort d'être jaloux;
Des Amans tels que nous, sont sûrs de leur victoire.

E.

LES FESTES

LEANDRE.
Prononcez, qui de nous doit voir combler ses vœux.

LE FINANCIER, à ISABELLE.
Quoi ! votre cœur encor balance entre nous deux ?

LEANDRE.
Que vois-je ? O Ciel ! Vous semblez incertaine !

LE FINANCIER.
Ce choix si vous m'aimiez, vous feroit moins de peine.

ISABELLE.
A bannir l'un de vous j'aurois trop de regret,
Doris qui connoît mon secret
Une autrefois pourra vous en instruire.

DORIS, à ISABELLE.
Doris veut vous laisser le plaisir de le dire.

LEANDRE, ET LE FINANCIER.
Tous ces détours sont superflus,
Choisissez un epoux, et ne differez plus.

ISABELLE, feignant de pleurer.
Tant d'empressement me désole,
Veuve à peine depuis deux ans,
Croyez-vous qu'en si peu de temps
Un cœur affligé se console ?

DE THALIE, BALLET.
LE FINANCIER.

Pour chasser loin de vous la tristesse en ce jour,
J'ai rassemblé des Bergers d'allentour,
J'ai pris soin d'embellir la Fête ;
Ils vont former pour vous, les plus aimables jeux :
Rien ne coûte pour la conquête
D'un Objet qui fait tous nos vœux.

On entend un bruit de Musique champêtre

LEANDRE.
Sur notre hymen enfin, que votre cœur prononce.

ISABELLE.
Après les jeux, vous saurez, ma réponse.

E ij

SCENE V.
FESTE, OU NOCE DE VILLAGE.
DIVERTISSEMENT.

LE MARIE', ET LA MARIE'E, Les Gens de la nôce, et les Acteurs de la Scene précéd.

ON JOUE LA MARCHE.

CHOEUR DES BERGERS.

Qu'à danser chacun s'apprête,
L'Amour prend soin de la Fête;
Qu'à danser chacun s'apprête,
Célébrons d'aimables nœuds.

UNE BERGERE.

Deux cœurs amoureux s'unissent,
L'Amour les a faits tous deux,
Pour être heureux :
Pour jamais leurs tourmens finissent;
L'Hymen a comblé leurs vœux.

LE CHOEUR.

Qu'à danser chacun s'apprête,
L'Amour prend soin de la Fête;

DE THALIE, BALLET,

Qu'à danser chacun s'appête,
Célébrons d'aimables nœuds.

LA BERGERE.

Rien ne vaut la douceur extrême
De posseder l'objet qu'on aime ;
Les plaisirs, les ris, les jeux,
Sont le doux prix des plus beaux feux.

CHOEUR.

Qu'à danser chacun s'apprête,
L'Amour prend soin de la Fête ;
Qu'à danser chacun s'apprête,
Célébrons d'aimables nœuds.

On danse.

CHOEUR.

Du Dieu d'hymen chantons les douces flammes,
   Qu'il enchaîne nos tendres cœurs ;
   N'éteignons jamais les ardeurs
Que son flambeau fait naître dans nos ames.

DORIS, à ISABELLE.

Aimez, aimez, qu'attendez-vous ?
Cédez aux charmes les plus doux :

LES FESTES

Sur les aîles du Temps, la jeuneſſe s'envole.
C'eſt un amant qui conſole
De la perte d'un Epoux.

Aimez, aimez, qu'attendez-vous ?
Cédez aux charmes les plus doux.

On danſe.
On reprend la Marche, et la Nôce s'en va.

SCENE VI.
ISABELLE, DORIS, LEANDRE, LE FINANCIER.

LE FINANCIER.

Ces jeux en ma faveur ont dû toucher votre ame :
Imitez ces Bergers, et que leur tendre flamme
Vous faſſe décider ſur l'objet de vos vœux.

ISABELLE.

Penſez-vous que mon cœur balance entre vous deux ?

LEANDRE, ET LE FINANCIER.

Prononcez ſi l'Hymen joindra mon ſort au vôtre :
Eſt-ce à moi qu'il promet les plaiſirs les plus doux ?

ISABELLE.

Je pourrois plus long-tems vous tromper l'un & l'autre :

DE THALIE, BALLET.

à l'Officier.

Mais mon cœur ne sent rien, Ni pour vous...

Au Financier.

Ni pour vous.

Elle sort avec DORIS, qui leur fait à tous deux une grande révérence.

LEANDRE.

Avec quelqu'Objet plus aimable
Je vais me consoler d'avoir perdu mes soins.
On n'en est pas plus miserable ;
Pour une Maîtresse de moins.

FIN DE LA SECONDE ENTRÉE.

TROISIÈME ENTRÉE.

ACTEURS CHANTANS.

CALISTE, *Femme de Dorante*,   Mlle Chevalier.
DORINE, *Femme de Zerbin*,   Mlle Bourbonnois.
DORANTE, *Epoux de Caliste*, M^r De Chaſſé.
ZERBIN, *Epoux de Dorine*,   Mr Cuvillier.
UN MASQUE,   Mr Poirier.

ACTEURS DANSANS.
LE BAL.

MASQUES DE DIFFERENTES NATIONS;
Monſieur Dupré ;

Monſieur Pitro,	**Mademoiſelle Le Breton.**
Mr Montſervin,	Mlle Carville.
Mr Matignon,	Mlle Lyonnois.
Mr Dupré,	Mlle Rabon.
Mr Malter-;^{me.}	Mlle Erny.

ARLEQUIN,   ARLEQUINE;
Mr Feuillade,   Mlle Thiery.
MEZETIN, Mr Caillez,   MEZETINE, Mlle Roſaly.
POLICHINEL, M^r De Vice,   COLOMBINE, Mlle Puvigné.
Un ARLEQUIN, Mr F. Dumoulin, Une ARLEQUINE, Mlle Courcelle.

UN POLICHINEL,
Monſieur Levoir.

TROISIÉME ENTRÉE.
LA FEMME.

Le théâtre représente une Salle préparée pour le Bal.

SCENE PREMIERE.

CALISTE, un masque à la main.

*Mour, charmant vainqueur,*
Que ton empire a de douceur,
Lorsqu'on ne craint point de rivale!

Sans partage aujourd'hui je regne dans un cœur,
Qui croit brûler d'une infidele ardeur:
O douceur sans égale!

Amour, charmant vainqueur,
Que ton empire a de douceur,
Lorsqu'on ne craint point de rivale!

F

SCENE II.
CALISTE, DORINE.

DORINE.

ON fait à vos appas une offense mortelle,
Voyez cet appareil pompeux ;
Votre époux qui vous croit absente de ces lieux,
Votre époux infidele
Prépare cette fête à l'objet de ses feux.

CALISTE.

Je ris de son amour, comme de ta colere.

DORINE.

Souffrir sa trahison, et la voir de si près !
Vengez-vous de l'objet que l'Ingrat vous préfere.

CALISTE.

Je ne me vengerai jamais
D'une rivale qui m'est chere.

Voi l'objet dont son cœur adore les attraits :
Dans un bal l'autre jour l'amour fit ce miracle,
Le masque lui cachoit mes traits,
Ses desirs curieux s'irritoient de l'obstacle.

DE THALIE, BALLET.

Je le quittai timide... inquiet... amoureux :
Je lui promis dans peu de m'offrir à sa vûe ;
Et c'est pour découvrir enfin son Inconnue,
    Qu'il a fait préparer ces jeux.

DORINE.
    Voilà les hommes.
D'un bien que l'on possede oublier les appas,
    C'est la mode au siecle où nous sommes ;
    On veut un bien que l'on n'a pas :
        Voilà les hommes.

CALISTE ET DORINE.
Quand l'Hymen, aux amans, vient présenter ses
                                            chaînes,
    L'Amour s'envole pour jamais,
    Et nous perdons tous nos attraits,
    En cessant d'être souveraines.

CALISTE.
Mon Epoux vient... allons sous ce masque trompeur,
    Jouir encor de son erreur

SCENE III.
DORANTE, ZERBIN.

ZERBIN.

Votre Epouse est partie, elle est loin de la ville,
Et vous voilà le maître pour deux jours.

DORANTE.

Zerbin, que je suis peu tranquile,
C'est ici que j'attens l'objet de mes amours.
Je vais donc voir les traits de celle qui m'enchante,
J'ai peine à retenir ma joye impatiente.

ZERBIN.

Pourquoi faire à Caliste une infidelité ?
Quel caprice est le vôtre ?
Epoux d'une rare beauté,
Pouvez-vous en aimer une autre ?

DORANTE.

Caliste merite mes soins,
A regret mon cœur est volage ;
Je sens que je ne puis l'estimer davantage ;
Mais je sens malgré moi, que mon cœur l'aime moins.

DE THALIE, BALLET.

ZERBIN.

Vaut-elle moins que l'Inconnue ?

DORANTE.

Quelle difference ! Ah grands dieux !
Par un charme secret mon ame fut émue,
Oui, toutes ses beautez s'expliquoient par ses yeux ;
Mais ses traits dans ce jour vont s'offrir à ma vûe,
Et l'amour va remplir mes desirs curieux.

ZERBIN.

Démasquer ce qui nous fait plaire,
C'est s'exposer au repentir.

Il est dangereux de sortir
D'une erreur qui nous est chere.

Démasquer ce qui nous fait plaire,
C'est s'exposer au repentir.

Caliste & Dorine paroissent masquées.

DORANTE, *appercevant son Inconnue.*

La vois-tu ? Quels attraits !... Caliste est moins aimable.

ZERBIN, *la considerant.*

Je crois à ses appas le masque favorable.

SCENE IV.

CALISTE, DORINE, masquées,
DORANTE, ZERBIN, Troupe de Masques.

CHOEUR des Masques.

Chantons, dansons, accourons-tous,
Que chacun fasse sa conquête ;
Goûtons les plaisirs les plus doux ;
Et que l'amour soit de la fête.

DORANTE, à CALISTE.

Charmant Objet de mon amour,
Vous faites seule ici l'ornement de la fête ;
Venus & sa brillante cour
Embelliroient moins ce séjour :
Prenez part à ces jeux, que l'amour vous apprête.

*DORANTE & CALISTE commencent le Bal,
& dansant ensemble.*

Les Masques dansent.

DORINE, masquée.

J'apperçois Zerbin mon époux,
Il ne me connoît pas... parlons, approchons-nous,
Voyons si l'exemple du Maître
N'en a point fait un second traître.

DE THALIE, BALLET.

Vous semblez éviter mes pas ?

ZERBIN.
Qui moi ? J'ai d'autres soins en tête.

DORINE, masquée.
Peut-être cherchez-vous ici quelque conquête ?

ZERBIN.
Vous ne vous y connoissez pas.

DORINE.
Et dans un bal que venez-vous donc faire ?

ZERBIN.
J'accompagne un maître amoureux.

DORINE.
Et vous ; rien ne peut vous y plaire ?

ZERBIN.
Le sexe dès long-tems me rend trop malheureux.

DORINE.
Aimeriez-vous quelque inhumaine ?

ZERBIN.
Quoi, suis-je fait pour les rigueurs ?

DORINE.
Est-il rien de plus doux qu'amour & ses faveurs ?

ZERBIN.
Est-il rien de plus dur que l'hymen & sa chaîne ?

DORINE.
Et pourquoi de l'hymen détestez-vous les loix ?

ZERBIN.
De ses fers je sens trop le poids.

LES FESTES

DORINE.
Quels défauts a donc votre Epouse ?

ZERBIN.
Elle est prude, bizarre, incommode, jalouse ;
Elle m'a dégoûté de son sexe trompeur,
  Peut-être seriez-vous comme elle ?
Je la déteste... & grace à sa mauvaise humeur,
  Je lui serai toujours fidele.

ON RECOMMENCE LE DIVERTISSEMENT.

DORANTE donne la main à CALISTE, et la conduit sur le devant du théâtre.

DORANTE, à CALISTE masquée.
Vous connoissez mon cœur, accordez à mes yeux
  Le bonheur d'admirer vos charmes.

CALISTE masquée.
Ne me voyez jamais, vous m'en aimerez mieux.

DORANTE.
Quels discours ! Quels soupçons ! Qu'ils me causent
      d'allarmes !

CALISTE.
Je veux vôtre bonheur.

DORANTE.
    En est-il sans vous voir ?

CALISTE.
Si j'accorde à vos yeux un si foible avantage,
  Mes charmes perdront leur pouvoir.
A vous cacher mes traits l'amour même m'engage,
  Et m'en impose le devoir.

DORANTE.

LES FESTES

DORINE.
Quels défauts a donc votre Epouse ?

ZERBIN.
Elle est prude, bizarre, incommode, jalouse ;
Elle m'a dégoûté de son sexe trompeur,
  Peut-être seriez-vous comme elle ?
Je la déteste... & grace à sa mauvaise humeur,
  Je lui serai toujours fidele.

ON RECOMMENCE LE DIVERTISSEMENT.

DORANTE *donne la main à* CALISTE, *et la conduit sur le devant du théâtre.*

DORANTE, à CALISTE masquée.
Vous connoissez mon cœur, accordez à mes yeux
  Le bonheur d'admirer vos charmes.

CALISTE masquée.
Ne me voyez jamais, vous m'en aimerez mieux.

DORANTE.
Quels discours ! Quels soupçons ! Qu'ils me causent
        d'allarmes !

CALISTE.
Je veux vôtre bonheur.

DORANTE.
     En est-il sans vous voir ?

CALISTE.
Si j'accorde à vos yeux un si foible avantage,
  Mes charmes perdront leur pouvoir.
A vous cacher mes traits l'amour même m'engage,
  Et m'en impose le devoir.

DORANTE.

DE THALIE, BALLET.
DORANTE.
L'amour est offensé de tant de résistance.
CALISTE.
Je dois craindre vôtre inconstance.
DORANTE.
Ah! Permettez qu'à vos genoux
Je calme ces vaines allarmes ;
L'amour fait mon devoir de céder à vos charmes,
Et me dit en secret qu'il faut n'aimer que vous.
CALISTE.
Ne portez-vous point d'autres chaînes ?
Aucun objet n'a-t-il pû vous charmer ?
DORANTE.
Vous estes de mon cœur maîtresse souveraine.
CALISTE.
D'autres que moi peut-être ont sû vous enflammer ?
DORANTE.
Quel autre objet que vous pourroit jamais me plaire ?
CALISTE.
Mais quoi! N'avez-vous point de reproche à vous
faire ?

G

LES FESTES

DORANTE, à part.
Dieux ! Sauroit-elle mes liens ?

CALISTE.
Vous vous troublez.....

DORANTE.
O Ciel !

CALISTE.
Quelle est une Caliste,
Dont les attraits peut-être effacent tous les miens ?

DORANTE, un peu déconcerté.
Caliste, dites-vous ?

CALISTE.
Quoi ! Ce nom vous attriste ?
Vous semblez interdit ?...Vous l'aimez... je le vois.

DORANTE.
Non, je n'aime que vous, je m'en fais une loi.

CALISTE.
Vous vous trompez...elle regne en votre ame.

DORANTE.
Il est vrai, je l'aimai, je ne m'en défens pas ;
Mais, ne m'accusez point d'avoir éteint ma flamme,
C'est un crime de vos appas.

CALISTE.
Mais auprès d'elle, enfin, si l'Amour vous rappelle ?

DORANTE.
L'Amour vous fait triompher d'elle.

DE THALIE, BALLET.

CALISTE.

Pourrez-vous l'oublier?

DORANTE.

Oui, je vous le promets.

CALISTE.

Vous ne l'aimerez plus?

DORANTE.

Non.

CALISTE.

Quoi, jamais?

DORANTE.

Jamais.

CALISTE & DORINE se démasquent.

ZERBIN.

Juste Ciel! Quel trouble est le nôtre!

DORANTE, d'un air riant sans se troubler.

Caliste, je suis trop heureux,
L'Amour nous contente tous deux.
Rivalle de vous-même & sans en craindre d'autre,
L'Amour après l'Hymen veut resserrer nos nœuds.

CALISTE.

Votre caprice est digne qu'on l'admire,
Et je pourrois m'en irriter:
Mais je dois vous imiter,
Et comme vous, j'en veux rire.

LES FESTES DE THALIE.
CALISTE, ET DORANTE.

Tendre Amour, dans nos cœurs lance de nouveaux feux;
L'Hymen sans ton secours ne peut nous rendre heureux.

On danse.

CHOEUR.

Goûtons de doux amusemens,
Le Bal offre des plaisirs charmans :
Tout plaît, tout contente,
Tout rit, tout enchante;
Les plus doux plaisirs
Comblent nos desirs.

On danse.

LE CHOEUR.

Pour triompher de tous les cœurs,
L'Amour prend ici ses traits vainqueurs :
Tout plaît, tout contente,
Tout rit, tout enchante,
Les plus doux plaisirs
Comblent nos desirs.

FIN DE LA TROISIEME ENTRE'E.